La idea
de Inés

por Rosa Lester   **ilustrado por Sean O'Neill**

Scott Foresman
is an imprint of

Glenview, Illinois • Boston, Massachusetts • Chandler, Arizona
Upper Saddle River, New Jersey

Every effort has been made to secure permission and provide appropriate credit for photographic material. The publisher deeply regrets any omission and pledges to correct errors called to its attention in subsequent editions.

Unless otherwise acknowledged, all photographs are the property of Pearson.

Photo locations denoted as follows: Top (T), Center (C), Bottom (B), Left (L), Right (R), Background (Bkgd)

Illustrations by Sean O'Neill

ISBN 13: 978-0-328-53367-1
ISBN 10:   0-328-53367-X

1 2 3 4 5 6 7 8 9 10 V0G1 18 17 16 15 14 13 12 11 10 09

Inés estaba aburrida. Fue a la recámara de sus hermanos y con desgana tocó la puerta.

—No puedes entrar —dijo su hermano mayor Renato—. Estamos haciendo algo muy importante. Es un invento para la feria de ciencias.

—¿Qué van a inventar? —reaccionó Inés ya no tan desinteresada.

—Todavía no sabemos. Vete, por favor —dijo su hermano Iván.

—Yo puedo ayudarlos —dijo Inés.

—No, gracias —dijo Renato—. Eres muy chiquita. Tus ideas son tontas.

—Tengo buenas ideas —dijo Inés—. Déjenme intentarlo, por favor.

—Vete —respondió Renato impaciente—. Toma este alambre y desaparece de mi vista.

¡Pobre muchacha! Estaba muy desanimada. Tenía ganas de llorar. Justo entonces, se le ocurrió algo.

"Haré algo yo solita", pensó Inés recapacitando. "Me gustan las burbujas. También me gusta el dulce. ¡Haré burbujas que se puedan comer! Este alambre me servirá para el aro".

Inés hizo una lista de los ingredientes que iba a necesitar y se los pidió a su mamá.

Inés midió y mezcló los ingredientes. Revolvió bien todo. Le agregó azúcar, miel y otras cosas dulces.

Por fin la mezcla estaba lista. Ya podía llevarla al jardín y empezar a hacer sus burburjas dulces.

Inés tomó el alambre. Hizo una varita con aro para soplar burbujas. Hundió el aro en la mezcla.

Inés sopló por el aro y salió una burbuja roja.

Inés la atrapó con la lengua y dejó que se reventara en su boca. ¡Estaba deliciosa!

Inés llamó a sus amigos Jairo y Lucy.

Los tres niños saborearon las burbujas. Corrían y daban vueltas tratando de atraparlas. Se reían y gritaban de emoción.

Al sentir el desorden, Iván y Renato salieron al patio.

—¡Las burbujas no son para comer!
—les dijo Renato—. ¡Se van a enfermar!

—Éstas sí son de comer —dijo Inés—.
Son como algodón de dulce. Yo misma
las hice.

Inés sopló varias burbujas rojas. Renato
probó una. Iván probó otra.

—¡Eres increíble, Inés! —dijo Renato—. Tus burbujas son deliciosas.

—Me has dado una idea para la feria de ciencias —dijo Iván —Podemos inventar una máquina que haga soplar muchas burbujas dulces a la vez.

—Estoy de acuerdo —dijo Renato—. ¿Nos podrías ayudar, Inés?

—¡Al instante! —dijo Inés sonriendo.

Un invento delicioso

¿Te gustan las paletas? ¿Sabías que un niño las inventó? Es cierto. Un niño llamado Frank Epperson inventó las paletas cuando tenía apenas 11 años de edad.

A Frank le gustaba mezclar distintos sabores de refrescos. Un día muy frío se le ocurrió congelarlos para ver a qué sabían. En un vaso mezcló refrescos de distintos sabores y puso el vaso afuera. A la mañana siguiente, el refresco estaba congelado. El palito con el que había mezclado los refrescos todavía estaba ahí. Frank jaló el palito y salió el refresco congelado. ¡Sabía delicioso! Así nació la primera paleta.